Liderazgo

Aprenda Cómo Motivar, Influir, Liderar Y
Aumentar La Productividad De Su Equipo A Través
De Una

(Persuasión Para El Crecimiento Personal,
Conseguir El Éxito Y Motivar A Los Demás)

Greer Lugo

Publicado Por Daniel Heath

© **Greer Lugo**

Todos los derechos reservados

Liderazgo: Aprenda Cómo Motivar, Influir, Liderar Y Aumentar La Productividad De Su Equipo A Través De Una (Persuasión Para El Crecimiento Personal, Conseguir El Éxito Y Motivar A Los Demás)

ISBN 978-1-989808-32-0

Este documento está orientado a proporcionar información exacta y confiable con respecto al tema y asunto que trata. La publicación se vende con la idea de que el editor no esté obligado a prestar contabilidad, permitida oficialmente, u otros servicios cualificados. Si se necesita asesoramiento, legal o profesional, debería solicitar a una persona con experiencia en la profesión.

Desde una Declaración de Principios aceptada y aprobada tanto por un comité de la American Bar Association (el Colegio de Abogados de Estados Unidos) como por un comité de editores y asociaciones.

No se permite la reproducción, duplicado o transmisión de cualquier parte de este documento en cualquier medio electrónico o formato impreso. Se prohíbe de forma estricta la grabación de esta publicación así como tampoco se permite cualquier almacenamiento de este documento sin permiso escrito del editor. Todos los derechos reservados.

Se establece que la información que contiene este documento es veraz y coherente, ya que cualquier responsabilidad, en términos de falta de atención o de otro tipo, por el uso o abuso de cualquier política, proceso o dirección contenida en este documento será responsabilidad exclusiva y absoluta del lector receptor. Bajo ninguna circunstancia se hará responsable o culpable de forma legal al editor por cualquier reparación, daños o pérdida monetaria debido a la información aquí contenida, ya sea de forma directa o indirectamente.

Los respectivos autores son propietarios de todos los derechos de autor que no están en posesión del editor.

La información aquí contenida se ofrece únicamente con fines informativos y, como tal, es universal. La presentación de la información se realiza sin contrato ni ningún tipo de garantía.

Las marcas registradas utilizadas son sin ningún tipo de consentimiento y la publicación de la marca registrada es sin el permiso o respaldo del propietario de esta. Todas las marcas registradas y demás marcas incluidas en este libro son solo para fines de aclaración y son propiedad de los mismos propietarios, no están afiliadas a este documento.

TABLA DE CONTENIDO

Parte 1 1

Introducción 2

El Aura Y La Influencia Del Liderazgo 6

¿Cómo Funciona El Aura? 6

Diferentes Enfoques Hacia El Aura Y La Influencia. 8

La Forma Suave: 9
El Camino Difícil: 9
La Forma "Empujar-Halar" 10
Esperando El Resultado 12
Compromiso 13
Resistencia 13
Acuerdo 14
La Motivación Real 16
Metas: 16
Esfuerzos Dirigidos 17
Dirección 18
Determinación 19

¿Cómo Hacer Sentir A Tu Equipo Que Lo Hicieron? 20

Cuando Seas Honesto 20
Motivación Que Los Capacita. 21
Intelectualmente Creativo 22
Energético Todo El Tiempo 23

Estrategias Probadas - Liderando Efectivamente 24

Inspirando A Tu Equipo 25
Involúcrate Cuando Sea Necesario 26
Una Comprensión General 26
Hazlo Tu Primero. 28
Haciendo Las Cosas De Manera Diferente Todo El Tiempo. 29
Terminando El Trabajo 30

Tiempo De Gerencia 31

Liderazgo De Primera Calidad 31

Ahorrado Tiempo Y Perdiendo Tiempo 32

Estarás Perdiendo Mucho Tiempo: 35

El Tiempo Perfecto Para Un Plan De Gestión 36

Cambio Y Efecto 39
Esfuerzos Persistentes 40
Recompensando A Tu Equipo 41

Controlando Las Distracciones 42

Manejando Situaciones Difíciles 43

Conclusión 45

Parte 2 49

Introducción 50

Capítulo 1 – Qué Es El Liderazgo? 52

Liderazgo Laissez-Faire 53
Liderazgo Autocrático 54
Estilo De Liderazgo De Coaching 57
Liderazgo Carismático 58
Liderazgo Vs. Coaching 58

Capítulo 2 – Habilidades Esenciales De Liderazgo 62

Anticipación 62
Excelentes Habilidades Para La Toma De Decisiones 64
Aprenda De Sus Errores 65
Esté Siempre Listo Para Un Desafío 66
Sea Valiente 68

Capítulo 3 - ¿Cómo Mejorar Sus Habilidades De Comunicación? 73

Mejoresus Habilidades De Escucha 73
Promueva Conversaciones Saludables 75
Inyecte Humor En Las Conversaciones 77
Hágase Personal 78

Sea Bien Específico 79
Sea De Mente Abierta 79
Empatice 80

Capítulo 4 - ¿Cómo Influir En Las Personas? 82

Tenga Un Interés Genuino En Otras Personas 82
Construya Una Relación Armoniosa 83
Construya Una Buena Reputación 83
Proporcioneretroalimentación Positiva............................... 84
Admita Sus Errores 85
Sea Visible 85
Actúe Sobre Las Cosas Rápidamente 86

Capítulo 5 - El Arte Del Coaching Empresarial................... 88

Participe En Cursos De Coaching Empresarial. 88
Tenga Suficiente Experiencia En Negocios........................... 89
Sea De Apoyo.. 89
Sea Paciente 90
Sea Profesional 90

Capítulo 6 - Pensando Y Actuando Como Un Líder 92

Sea Orientado A Las Personas 92
Sea Sensible A Las Necesidades De Sus Miembros 93
Tenga Iniciativa... 93
Tome Riesgos 94
Sea Orientado A Objetivos... 95

Conclusión ¡Gracias De Nuevo Por Descargar Este Libro!. 96

Parte 1

Introducción

El liderazgo es un arte; un arte que se domina para motivar a las personas a lograr un objetivo común. El liderazgo exitoso es cuando las personas están motivadas y siguen al líder. Un líder alentará y se asegurará de que los objetivos establecidos se alcancen en el marco de tiempo dado. Un líder es el quien se hará sentir cuando los objetivos sean logrados. Y durante todo el proceso de motivar y liderar a las personas, el líder creará un ambiente positivo lleno de pasión y entusiasmo.

Este libro es para usted, si está liderando un proyecto o iniciativa y está buscando un éxito extraordinario. Y si usted es un miembro del equipo que quiere entender a su líder, este libro también es para que se asegure de contribuir de la manera correcta. El libro trata de cómo los líderes motivan. y hacer que el equipo sienta que lo hizo. Revela los secretos más importantes que un líder debe comprender para aplicar múltiples estrategias para visualizar y tener éxito hacia el objetivo final.

Este libro enfatiza cómo un líder puede influir en el equipo de manera efectiva y qué tipo de habilidades debe tener un líder. Podrá comprender y analizar la mentalidad de su equipo y por lo tanto, elevarse. El liderazgo efectivo es de muchos estilos y requiere ciertas cualidades extraordinarias. Después de leer este libro, no solo apreciará el contenido que presenta sobre los rasgos de liderazgo, sino que también comprenderá cómo seguir los consejos que se ofrecen. Puede lograr sus metas como equipo o un líder finalmente se asegurará de que el equipo alcance sus metas. ¿De qué sirve si no sirve para la perspectiva general? El mejor equipo puede ser contratado y el proyecto es un ganar-ganar para todos los involucrados, pero si los objetivos no se cumplen en el tiempo estipulado, todo el esfuerzo puede desperdiciarse. Esta situación es cierta, especialmente si se trata de un proyecto con límite de tiempo o un proyecto que requiere precisión. Su búsqueda para encontrar respuestas a este problema termina aquí.

Este libro contiene información que se ha investigado exhaustivamente sobre cómo administrar su tiempo y el tiempo de su equipo, independientemente de los registros anteriores y los problemas de gestión de proyectos.

El aura y la influencia del liderazgo

El aura se puede sentir por muchas razones. A veces la apariencia es más que suficiente para llamar la atención de alguien. Y los tiempos la mera presencia de alguien hace una gran diferencia. Su equipo apreciará su presencia en cada trabajo que realicen. Y si asumen cualquier tarea es porque lo hacen con respeto y con la magia que has creado a su alrededor. Cualquier decisión que se tome tendrá su influencia en ello.

¿Cómo funciona el aura?

El aura de liderazgo se siente en cada trabajo que realiza el equipo. Influye en cada decisión que tome el equipo hacia el objetivo común. Cuando se establece una dirección y los objetivos son claramente entendidos por todos, el aura del líder tiene una presencia sorprendente para asegurarse de que nadie se salga del camino de lo que se discutió originalmente. Tiene una fuerte influencia en la forma en que el equipo piensa en el líder. Es una impresión que el equipo tiene en mente y querrían tenerlo por más tiempo. El aura y una influencia positiva del líder deben usarse de muchas maneras que se centren en los resultados.

• Incrementar los niveles de compromiso del equipo hacia la meta

• Manejar situaciones de presión.
y hacer el trabajo

• Apoyo incondicional de los miembros del equipo hacia el objetivo general.

• Cualquier decisión tomada debe estar

bajo la influencia del líder

• Ayudar a los equipos a modificar sus planes y horarios de trabajo.

• Trabajar estrechamente en los patrones de comportamiento

• Estar disponible en todos los tiempos.

Diferentes enfoques hacia el aura y la influencia.

Los líderes más exitosos de hoy son los que tienen un aura e influencia inspiradora y consultiva para sus equipos. Al mismo tiempo, se observa que las tácticas suaves pueden no ser efectivas en todas las situaciones.

Así que necesitasentenderqué tipo de

enfoques prefiere y luego elija algunos que sean aptos para la situación.

La forma suave:
Se basa más en el aura positiva, el enfoque consultivo y la persuasión para realizar el trabajo. Se ocupa de los comportamientos y su influencia que es más constructiva y reflexiva.

El camino difícil:
Existen solo dos opciones para dar al equipo o un individuo por el líder. ¡Ya sea para aceptar la decisión o resistirse! De la manera más difícil, los individuos tienen menos libertad y espacio para desarrollar ciertas estrategias. El líder debe usar el camino difícil cuando las cosas se ponen

difíciles y no siempre.

La forma "empujar-halar"

Usualmente los líderes usan su aura e influencia en "El camino de empujar". Para lograr objetivos a corto plazo. Y el "camino de atracción" es donde las personas se inspiran en el líder, entienden su visión y las apoyan en todas las situaciones. La forma de empujar es donde los líderes aprovechan su aura y empujan al equipo para obtener los resultados requeridos. Sin embargo, como se comentó anteriormente, la vía de empuje puede no ser exitosa si es un objetivo a largo plazo. Y la forma de halar es donde se siente el liderazgo y las personas se dirigen automáticamente hacia el líder. Así que es en ese momento en el cual se decide cómo y cuándo hacerlo.

La mayoría de los resultados exitosos de un equipo tienen estrategias que combinan métodos suaves, duros, de empujar y halar. Cuando se acerca una fecha límite y el equipo está altamente motivado por el líder, entonces aplicar tácticas de presión sería una buena opción para lograr el objetivo a corto plazo. Y cuando se extiende, expresar la insatisfacción en cierta medida es bueno, pero expresar ira puede no ser el paso correcto.

Otra estrategia que toma el centro del escenario para influir en el equipo es cuando el líder establece ciertas expectativas.

Las personas lo siguen completamente con plena fe, ya que están influenciados por el aura. En esta situación, el líder comunica claramente que si el resultado esperado se completa en el tiempo estipulado, entonces el equipo obtendrá una recompensa o reconocimiento (el valor y otros detalles deben comunicarse claramente).

Esperando el resultado

Cualquier estrategia que se aplique debe ser exitosa solo si el líder lleva el aura y puede influir en las decisiones del equipo en un momento dado.

Los resultados o reacciones del equipo pueden ir en cualquier dirección. Por lo tanto, es responsabilidad del líder pronosticar tales situaciones e identificar estrategias adecuadas que incluyan cualquier tipo de incertidumbre

Compromiso

El resultado de una estrategia puede hacer que un individuo o un equipo se comprometan con el objetivo general. El compromiso pasa porque ellos quieren y no son forzados por nadie más. Y esto sucede como un gesto voluntario de la persona o el equipo cuando ven la visión y el aura del líder.

Resistencia

La resistencia de un individuo o un equipo sucede porque no están convencidos con la estrategia y el liderazgo. El extremo de la resistencia es cuando las personas intentan evitar al líder y no participan en ninguna de las discusiones.

Algunos de los extremos de la resistencia se relacionan con: rechazar, ignorar, poner excusas tontas, obligar al líder a cambiar su postura e intentar retratar al líder como una influencia negativa mientras finge trabajar dentro del equipo.

Acuerdo

El acuerdo ocurre más o menos debido a la influencia que usted tiene como líder y el equipo o la persona lo acepta, puede ser con menos interés. Como líder, ha influido en la decisión con su aura, pero la actitud del individuo no puede ser influenciada. Por lo tanto, este tipo de estrategia debe usarse cuando se tiene en mente algo específico que está dirigido hacia el individuo.

La motivación real

Los líderes más exitosos hicieron sentir a sus equipos que lo hicieron. Puedes desarrollar la mejor estrategia; Tienen planes extraordinarios para ser ejecutados y un gran lugar para trabajar. Pero qué pasa si no tienes un equipo que no está motivado por ti y sientes que ellos mismos lo han hecho. El mejor rasgo de un líder será visible cuando el equipo sienta que lo ha hecho con la sensación de estar seguro. Para que el equipo realice su potencial y trabaje hacia el objetivo común, el líder debe considerar los siguientes aspectos:

Metas:
Explique al equipo qué tan importante es

mirar los objetivos individuales y vincularlos con los objetivos de la organización. Guíelos para fijar ciertos objetivos realistas y asegúrese de vincularlos progresivamente al objetivo general de la Organización. En el momento en que sepan exactamente lo que tienen que hacer, comenzarán a contribuir y su trabajo como líder es motivarlos y hacerles sentir que lo hicieron.

Esfuerzos dirigidos

El trabajo del líder es asegurarse de que los esfuerzos de los equipos se están utilizando de manera positiva. Puede ser una situación en la que el individuo haya contribuido enormemente pero el objetivo general del equipo no se cumpla. Por lo tanto, cuando el esfuerzo de alguien no esté bien enfocado, debe asegurarse de que se lo facilite independientemente de si lo notifica o no.

Dirección

No todos en el equipo pueden tener las mismas opiniones que tú. Alguien puede tener interés propio o una agenda oculta que puede chocar con el objetivo general de la organización. No está mal si lo identifica en las etapas iniciales y convierte ese interés en beneficio de la organización. Es responsabilidad del líder, monitorear continuamente la dirección individual y de los equipos y hacer los cambios apropiados cuando sea necesario.

Determinación

El signo de determinación debe venir primero del líder y hacer que el equipo sienta cuán fuerte es el deseo de completar la tarea. Y la misma determinación debe ser inculcada en el equipo, liderando con un ejemplo. En cualquier momento, el equipo es desmotivado debido a ciertas razones; El líder debe asegurarse de que el espíritu sea reintegrado por todos los medios. No todos vienen con un objetivo fijo en mente y no todos tienen la determinación de completar la tarea dada. El trabajo del líder es inculcar la determinación en la mente de los individuos y asegurarse de que esté ahí hasta que se haga el trabajo.

¿Cómo hacer sentir a tu equipo que lo hicieron?

Para que el equipo sienta que lo hizo con su completa guía y capacidad, debe usar muchos sombreros. El equipo gana confianza y ofrece su apoyo incondicionalmente:

Cuando seas honesto

La honestidad es siempre la mejor política. Para obtener el apoyo y la confianza de su equipo, debe asegurarse de que no forme parte de ninguna crítica. Cualquier trabajo que asuma debe ser con un objetivo limpio y el equipo debe sentir que es un movimiento desinteresado que beneficia al objetivo general. Cuando sea honesto, incluso si hay una leve desviación en la mentalidad de un individuo, estará en posición de mandar y volver a encarrilarse.

Motivación que los capacita. El líder debe asegurarse de que los niveles de motivación sean positivos y se apliquen en los momentos apropiados. Si aplicas demasiada motivación se tomará como presión.

Y si eres demasiado indulgente con el enfoque participativo, entonces la gente puede darte por sentado. Por lo tanto, la motivación debe ser de tal manera que eleve su espíritu, les permita realizar mejor su trabajo y les haga sentir que hay alguien que puede tratarlos bien si las cosas salen mal. Y como líder, debes saber qué necesitas y cuándo sacar lo mejor de tu equipo.

Intelectualmente creativo

Se volverá nulo y sin efecto si no puede ofrecer soluciones creativas a los problemas que surgen de vez en cuando. Necesita ser actualizado no solo sobre las situaciones, sino también sobre las tendencias actuales del mercado si tiene que impulsar una iniciativa.

Su equipo espera hacer algo diferente de la rutina y tienen que creer que lo produciría de la nada. Esta es una manera maravillosa de ganarse el respeto del equipo y les permite hacer su trabajo. Como líder, debe estar abierto a las ideas y, si proviene del equipo, debe asegurarse de que esté incluido de una forma u otra. Al hacerlo, la persona o el equipo sentirán que lo hicieron con su apoyo.

Energético todo el tiempo

Es posible que cuente con el mejor equipo que se auto-motive hasta cierto punto, y si lo ven sin interés en todo el proceso. En ese caso, dejarán de trabajar para depender más de usted o trabajarán por su cuenta sin ninguna dirección ni metas establecidas. El tipo de energía que llevas con tu equipo debe ser visible para ellos todo el tiempo. Nunca deben sentirse desmotivados debido a sus limitaciones. Si estás enérgico, deberían sentir esa energía a través de la atmósfera y la misma energía debería hacerles sentir que la tienen en ellos.

Estrategias probadas - Liderando efectivamente

Hay ciertas escuelas de pensamiento donde sienten que los líderes nacen y el liderazgo es un efecto de eso. Existen ciertas escuelas de pensamiento en las que sienten que se puede enseñar el liderazgo y se puede preparar a los líderes. Teniendo en cuenta estos dos pensamientos, un líder eficaz debe tener ciertas estrategias para liderar el equipo de manera efectiva. Los puntos mencionados a continuación son pautas que ayudarán a diseñar estrategias para convertirse en un líder eficaz.

Inspirando a tu equipo

Más que motivación y una estrategia, es un sentimiento cálido que el equipo siente en presencia y ausencia del líder. El aura del líder se siente en cada parte del trabajo que hace el equipo y esto es lo que la mayoría de los líderes exitosos llevan. Una estrategia inspiradora y efectiva es cuando el líder comunica los objetivos al equipo basándose en la confianza, el entusiasmo, la determinación y los niveles de energía. En el momento en que haya una visión compartida, el equipo sentirá que se los está considerando en el proceso de toma de decisiones y se inspirará en cada decisión que tome el líder.

Involúcrate cuando sea necesario

Un líder eficaz sabrá cómo compartir una visión con el equipo. La visión esencialmente no necesita ser contada al equipo diariamente, pero el líder sabe cómo el equipo debe participar en la visión compartida. El líder debe estar disponible siempre que el equipo necesite orientación y la forma en que el equipo lo tome debe ser su elección. Si desea que su equipo trabaje como usted quiere, la mejor estrategia es escucharlos primero. Entonces puedes crear una plataforma en la que puedan desempeñarse bien.

Una comprensión general

Como un líder necesitas tener una comprensión general de toda la situación y guiar al equipo hacia el objetivo final. Debe poder ver las situaciones que pueden surgir en el futuro y estar preparado con posibles soluciones. Debería poder hacer que el equipo tenga una sensación de pertenencia al saber lo que quieren y lo que se están perdiendo. Es posible que cada miembro del equipo no sea expresivo, pero cuando se asigna un trabajo, es su responsabilidad que completen el trabajo y expresen que lo hicieron. Si conoce bien su entorno, se encuentra en una posición de fortaleza y sabrá exactamente cómo realizar el trabajo, incluso si no está cerca.

Hazlo tu primero.

Cualquier trabajo que deba hacerse, debes comenzarlo primero y mostrar a los demás cómo hacerlo. Sus acciones deben expresar un tono más claro de lo que desea transmitir sin la necesidad de decirlo todo. Al ser capaz de asumir responsabilidades de manera proactiva, podrá realizar cualquier trabajo si alguien se da por vencido en el último minuto. Cuando haces algo como esto, todo el equipo te apoyará y estará contigo. La gente a su alrededor observa: en qué tipo de zona de confort se encuentra y puede salir de ella, si es necesario. Entonces, cuando demuestres que puedes levantarte y hacer ciertas tareas por ti mismo, se darán cuenta de que están en manos de un líder capaz. El mensaje para ellos es alto y claro. Harán su trabajo y se asegurarán de que lo hagan ellos mismos, el equipo, la organización y, finalmente, usted.

Haciendo las cosas de manera diferente todo el tiempo.

Cuando esté en este estado de ánimo, debe asegurarse de tener un equilibrio perfecto de lo que está sucediendo ahora y lo que puede suceder en el futuro. Y cuando haces algo en este momento, debes asegurarte de que siempre aprendas algo nuevo y de que implementes algo nuevo.

Su equipo y los demás siempre buscarán algunos aportes creativos para las cosas de rutina que suceden. Y como líder eficaz, no debe esperar a que sucedan cosas, debe tomar ese elemento de riesgo y asegurarse de completar el trabajo incluso si tiene que tomar el camino más innovador. Al hacerlo, le está permitiendo a su equipo probar algo nuevo e indicarles que puede absorber el riesgo si algo sale mal.

Terminando el trabajo

Puede tener el mejor equipo en su lugar y un gran plan en su lugar. Pero todo eso es realidad solo cuando se pone en acción. La verdadera acción y el papel de un líder comienzan cuando puede poner sus pensamientos en acción y cuando cuenta con la aceptación de todo el equipo. Debe tener un sentido de urgencia e inculcar el mismo espíritu dentro del equipo para hacer el trabajo a tiempo. Y siendo un líder capaz, nunca debes dejar a tu equipo hasta que el trabajo esté terminado. Su equipo seguirá adelante y completará el trabajo para usted y usted debe hacerles sentir que el trabajo se realiza por sí mismos.

Tiempo de Gerencia

Liderazgo de primera calidad

Ya sea tiempo de negocios o su tiempo de trabajo, no puedes cambiar un segundo que haya pasado. Todos cometen errores, pero los que sobreviven son personas que aprenden de sus errores y tratan de ganar ese segundo que se pierde. Como líder, si tiene que hacer algo efectivo, lo primero y más importante que debe hacer es hacer que su tiempo sea efectivo. Al mismo tiempo, no debe ser un maestro de tareas difíciles al explotar el tiempo de su equipo. Usted puede ser bueno asignando las tareas de su equipo, esto no significa que espere que todo se realice en los formatos prescritos, que son numerosos y repetitivos. En ese caso, perderá más tiempo en la coordinación de múltiples aspectos para una sola salida y su equipo también se desanimará para seguir sus órdenes, lo que puede parecer irrazonable.

Ahorrado tiempo y Perdiendo Tiempo

Podrías ahorrar mucho tiempo:

• Si respondes puntualmente a las solicitudes de tu equipo.

• Observe múltiples tareas y concéntrese en completar una que sea la más importante.

• Cree un horario que se centre en objetivos inmediatos, intermedios y a largo plazo.

• Solo olvida lo que no es necesario.

• Delegarlo en el equipo y generar

confianza en el proceso.

• Deje de enfocarse en la decisión y comience a enfocarse en el proceso mismo.

• Concéntrese más en el tiempo: cuándo comenzar, cuándo terminar y dónde terminar.

• Tenga una lista de verificación con suficientes recordatorios.

• No pierdas tu tiempo y otros también.

Estarás perdiendo mucho tiempo:

• Si intentas retrasar lo inevitable.

• Tener metas y plazos que no sean realistas.

• Micro manejo e interferencia.

• Reuniones que son demasiado largas y no tienen agenda.

• Errores que podrían haberse evitado.

El tiempo perfecto para un plan de gestión

La organización y el equipo se beneficiarán si las actividades planificadas se realizan a tiempo sin explotar demasiados recursos que pueden no ser necesarios. Como líder, es su responsabilidad diseñar un plan que se adapte mejor al equipo en una circunstancia determinada.

• Asegúrate de no comprometerte en exceso ni de dejar cumplir tu deber. No debe tomar demasiadas cosas para demostrarle a alguien cuando no puede entregarlo a tiempo. O simplemente, debe aprender a decir no y también alentar a su equipo a que lo haga, si se sienten obligados a hacer demasiadas cosas en un ámbito limitado.

• Planifica tus actividades y las del equipo también. El mejor ejemplo de que tiene un plan de administración a un tiempo perfecto es cuando le da tiempo para planificar todo por usted.

• Es bueno realizar múltiples tareas a la vez, pero cuando empiezas algo, asegúrate de completarlas y luego pasar a la siguiente.

• La hora que establezca para hacer las cosas, debe tener una hora de inicio y una hora de finalización.

- Divida las tareas más grandes en tareas más pequeñas con líneas de tiempo más realistas y asegúrese de que estén delegadas y se realicen correctamente.

- Bueno, si planeas hacer algo, hazlo hoy y da el ejemplo.

- Asegúrate de no entrar en una especie de escenario de "hidromasaje". En el momento en que te metes en algo como esto, solo harás una tarea y te olvidarás de las otras cosas importantes.

- Finalmente, asegúrese de que su equipo esté motivado cuando lo vean hacer todo lo anterior y empiecen a hacerlo por sí mismos.

El líder –

Ayudándote a realizar tus metas

Si desea que se produzca un cambio, debe comenzar desde usted y si desea que se produzca un cambio dentro y fuera de una organización, entonces usted debe ser el cambio. Como líder, es su responsabilidad hacer que su equipo establezca sus metas, logre sus metas y las realice.

Cambio y efecto

Los objetivos que establezca para su equipo deben tener probabilidades de lidiar con el cambio. Independientemente de los objetivos a corto y largo plazo, debe crear un ámbito en el que exista la posibilidad de cambiar o modificar los objetivos cuando sea necesario. Como líder, debe alentar el cambio que hará que el equipo o una persona sienta la necesidad de adaptarse. El cambio que fomente hoy tendrá un efecto duradero en el éxito del objetivo general.

Esfuerzos persistentes

Es posible que se te conozca como un líder capaz, pero tendrás más éxito cuando comprendas que el liderazgo es un proceso y no un título. Ahora, en el momento en que un individuo piensa que ha alcanzado su objetivo, hay toda tendencia que no observa lo que sucede a continuación. Es responsabilidad del líder asegurarse de que el equipo se concentre de manera persistente en supervisar el buen trabajo que se ha realizado.

Recompensando a tu equipo

Si su equipo siente que están haciendo todo lo que les ha asignado y más de lo que esperaba. Y de repente comienzan a sentir que no están siendo reconocidos, entonces usted no está haciendo un buen trabajo. Por otro lado, si invierte en un individuo y los entrena para una tarea específica, no significa que salgan a la luz. Y si todos los líderes comienzan a creer que al capacitarse en habilidades de liderazgo pueden lograr metas, obtener promociones o el reconocimiento debido, entonces es un gran error. Usted está capacitado para lograr un propósito y ese propósito debe cumplirse cuando crea lo que se le dice. Así que, más que nada, todo su esfuerzo como líder debe centrarse en recompensar a su equipo.

Controlando las distracciones

Si su equipo realmente está trabajando en una fecha límite difícil y se da cuenta de que no está allí cuando es necesario o que están siendo expuestos a un problema que enfrenta la organización, eso significa que están distraídos. Para evitar tales escenarios, como líder con visión, debe comunicar al equipo que deben esperar algunos aspectos imprevistos en el futuro y que estará con ellos hasta que pase.

Manejando situaciones difíciles.

En cualquier momento dado, un individuo puede sentir el pellizco de lo que ha recibido. Si sienten que el trabajo se está volviendo más difícil de lo que pensaban y planean renunciar, es su momento como líder para levantarlos y hacer el trabajo con facilidad. Como líder, es su trabajo inculcar un espíritu positivo en su equipo y hacerles sentir que el trabajo que han asumido es fácil y simple de ejecutar. Para hacer que el equipo navegue a través de las situaciones difíciles, debe hacerles visualizar el objetivo final y cómo pueden apreciar el momento una vez que se haya completado.

También debe hacer algunas modificaciones en las áreas en las que están bloqueadas y asegurarse de limpiar el búfer si tienen confusiones para completar su trabajo a tiempo.Los líderes, que se ganan la confianza de los demás, se asegurarán de que los sueños de su equipo se hagan realidad y no les importará si tienen que hacer ciertos sacrificios personales en el proceso. Como líder, el único enfoque que debe tener es mirar el interés de la organización, la pasión de su equipo y su éxito en el logro del objetivo final.

Conclusión

Para asegurarse de que su equipo sea influenciado positivamente por usted y logre sus objetivos, siempre debe asegurarse de desempeñar al máximo de su potencial. En el proceso general de su liderazgo, su equipo o incluso una sola persona nunca deben sentir que no está ahí para ellos. La única forma de conseguir las cosas hechas de su equipo es creando un impacto positivo en todos y cada uno de los trabajos que realizan.

Como líder, debes darte cuenta de que tienes que tratar con diferentes personas que también piensan de manera diferente.

• Un conjunto de individuos que son similares entre sí ya que sus necesidades son similares.El ejemplo más citado de necesidades, puede ser con necesidades básicas como alimentación, ropa y abrigo. Entonces, como líder, debe ser capaz de diseñar una estrategia para las personas que piensan que son como los demás y que podrían asociarse fácilmente entre ellos. Pero el desafío para usted sería cuando tenga que hacer que trabajen en algunas tareas diferentes a las que identifica el grupo.

• Un conjunto de individuos que se sienten superiores y hacen que los demás se sientan inferiores a ellos.Ambas categorías tienen fortalezas y debilidades. Un líder capaz es el que hace el trabajo de estas dos categorías y se asegura de que haya una sincronización en pensamiento y entrega.

• Y finalmente, el conjunto de individuos que son únicos en su creación, pensamiento y entrega con extraordinarios conjuntos de habilidades. Estas personas pueden ser un poco difíciles de manejar, pero definitivamente se requieren en la composición de un equipo. Influenciarlos, motivarlos, hacer que el trabajo sea hecho a tiempo y hacer que logren sus objetivos será un desafío más difícil.

Como líder, debe equilibrar sus necesidades ofreciéndoles el mejor ambiente en el que podrían trabajar sin comprometer lo que la organización podría ofrecer.

Si puede entender bien estos conceptos básicos de liderazgo, no hay nada que pueda impedirle ser un líder al que todos admiran. Espero que este libro haya sido capaz de brindarle una comprensión integral de las diferentes características del liderazgo. Quiero agradecerte una vez más por descargar este libro electrónico y sinceramente espero que lo hayas disfrutado.

Parte 2

Introducción

Deseo agradecerle y felicitarle por haber descargado este libro.

Este libro contiene pasos probados y estrategias comprobadas acerca de cómo convertirse en un líder efectivo. Contiene información acerca de cómo mostrar sus habilidades de liderazgo cuando se comunica con otras personas, e influye incluso sobre aquellos que están en la industria de los negocios.

Los líderes se hacen, no nacen. Mientras algunas habilidades de liderazgo son innatas en algunas personas, no significa que no pueda adquirirlas o desarrollarlas. Si está preocupado por si puede o no convertirse en un líder efectivo, tenga la seguridad de que este libro puede ayudarlo.

El primer capítulo de este libro habla acerca de la información básica que necesita saber sobre el liderazgo: qué es, cuáles son sus tipos y qué espera la sociedad de un líder. También diferencia el liderazgo de otros términos similares, como el coaching. El segundo capítulo describe las habilidades de liderazgo más esenciales que necesita perfeccionar para convertirse en un líder efectivo en la dirección de su equipo. El Capítulo 3 habla sobre las diferentes habilidades de comunicación que debe poseer para mejorar su estilo de liderazgo. El Capítulo 4 aborda cómo puedes ser efectivo para influir en las personas y penetrar sus creencias y mentalidades. El quinto capítulo lo introduce al arte del coaching empresarial, y cómo las habilidades efectivas de liderazgo pueden promover el éxito en el campo de los negocios. El Capítulo 6 proporciona pasos simples y fáciles de seguir para pensar y actuar como un líder eficaz y poderoso. Gracias nuevamente por descargar este libro, ¡espero que lo disfrute!

Capítulo 1 – Qué es el Liderazgo?

Las habilidades de liderazgo efectivo se encuentran entre los elementos más cruciales para el éxito. Algunas de las personas más exitosas del mundo poseen habilidades de liderazgo efectivas, que es la principal razón por la cual son capaces de alcanzar sus metas. Contrariamente a lo que algunas personas piensan, los buenos líderes no nacen. Es actualmente posible perfeccionar y desarrollar las habilidades de liderazgo a través del tiempo y la experiencia.

Este capítulo le enseñará lo qué es el liderazgo, cuáles son sus tipos y qué espera la sociedad de un líder. También le ayudará a distinguir el término "liderazgo" de otros términos algo parecidos, como gestión y coaching. Diferentes personas ven el liderazgo de manera diferente, pero hay una definición de liderazgo que es común para ellos: la capacidad de una persona para dirigir a otras personas, un grupo o una organización. Los buenos líderes guían a otros en la realización de planes de acción específicos. Los líderes eficaces también pueden motivar a los miembros de un grupo para que realicen tareas específicas.El propósito principal de liderar un grupo es ayudar a todos a alcanzar la meta final del grupo. Para ayudarlo a comprender mejor el liderazgo, sería mejor familiarizarse con sus diferentes tipos. Algunos de los estilos de liderazgo más comúnmente utilizados en la actualidad son los siguientes:

Liderazgo Laissez-Faire

Este no es el estilo de liderazgo más favorable porque no requiere que el líder supervise directamente a los miembros de su grupo. También llamado liderazgo delegativo, liderazgo laissez-faire significa que el líder les da a sus miembros la libertad de tomar sus propias decisiones. Este estilo de liderazgo se caracteriza por la poca orientación y supervisión del líder, el fácil acceso a los recursos y las herramientas requeridas por los miembros para tomar sus propias decisiones, los miembros del grupo que se espera que encuentren soluciones a los problemas por su cuenta y la entrega del poder para seguidores.

Aun así, los líderes que usan este estilo de liderazgo asumen la responsabilidad en cualquier decisión o acción que el grupo decida tomar. Tiene la tasa de productividad más baja entre los diferentes estilos de liderazgo porque el líder no supervisa directamente a sus miembros.

Liderazgo Autocrático

Este estilo de liderazgo es beneficioso en el sentido de que el líder puede tomar decisiones de manera independiente. Tiene un control completo sobre los asuntos de toma de decisiones y puede imponer efectivamente comandos a las personas. Sin embargo, la desventaja de este estilo de liderazgo es la falta de libertad por parte de los miembros del grupo. Necesitan seguir lo que diga su líder. Incluso hay casos en que los miembros no pueden hacer preguntas o presentar sus quejas.

Liderazgo Participativo

Esta es una de las formas más ideales de liderazgo. Desde la palabra misma, el líder permite que sus miembros se involucren en actividades, proyectos y programas planificados. Él se asegura de que todos contribuyan a su éxito inminente. Alienta a sus miembros a participar en varias actividades de toma de decisiones. Tenga en cuenta, sin embargo, que la decisión final todavía recae en el líder. Lo mejor del liderazgo participativo es que el líder está dispuesto a considerar las opiniones de sus seguidores y determinar cuál de las soluciones presentadas por sus miembros puede funcionar en beneficio de todo el equipo. Esto puede hacer que los miembros se sientan más comprometidos, por lo que motivarlos para que trabajen juntos es más fácil.

Liderazgo Transaccional

Este estilo de liderazgo resalta el aspecto económico del liderazgo. Busca recompensar las buenas actuaciones, y sancionar las malas actuaciones. Las metas se establecen y el líder supervisa las actuaciones de sus seguidores a medida que realizan las tareas individuales que se les asignan. Al final, el líder evaluará sus actuaciones y determinará las recompensas y sanciones más adecuadas para ellos.

Liderazgo Transformacional

Este estilo de liderazgo puede esperarse que funcione bien si se establece una comunicación efectiva. El objetivo principal del líder es motivar, inspirar y persuadir a sus miembros para que realicen una acción en particular sin la necesidad de forzarlos o persuadirlos. Este estilo de liderazgo es beneficioso porque ayuda a los miembros a desarrollar mejores versiones de sí mismos.

Estilo de Liderazgo de coaching

Esta forma de liderazgo se caracteriza por líderes que definen claramente las tareas y los roles que cada uno de sus seguidores debe realizar y desempeñar. También buscan sugerencias y aportaciones de sus seguidores. Si bien la decisión final está en manos del líder, el estilo de liderazgo de coaching todavía utiliza una forma de comunicación de dos vías. Se puede esperar que los líderes de coaching trabajen más efectivamente en entornos que requieren mejoras en términos de resultados y rendimiento. Los buenos líderes de coaching son efectivos ayudando a otros a avanzar y a mejorar sus habilidades. Ayudan a sus miembros a desarrollar sus fortalezas clave y ofrecen orientación cuando sea necesario. También alientan, motivan e inspiran a sus miembros y son capaces de desarrollar un entorno laboral más positivo. El estilo de liderazgo de coaching funciona de manera más efectiva en los miembros que son más agradables, experimentados y responsables.

Liderazgo Carismático

Los líderes, que usan este estilo de liderazgo, son naturalmente persuasivos y pueden usar su encanto y personalidad magnética para asegurar que su grupo logre el éxito. Tienen convicción y están plenamente comprometidos con su causa. Los líderes carismáticos en realidad comparten varias similitudes con los líderes transformacionales, pero también son diferentes en términos de audiencia y enfoque. Mientras que el primero se enfoca en mejorar el status quo, el segundo se enfoca en cambiar el grupo basado en la visión del líder.

Liderazgo vs. Coaching

El término "liderazgo" a menudo se

equipara con el término "coaching". Si bien hay similitudes, estos términos son realmente diferentes. Esta sección le dirá por qué y cómo. Una cosa que hace que el liderazgo sea diferente del coaching es que el primero es más un estilo de vida; Es más como una parte de su vida. Es algo que simplemente no hace en el trabajo. Puede liderar, incluso si no es un líder en el lugar de trabajo. Por ejemplo, puede llevar a los miembros de su familia a hacer cosas específicas mejor en casa.

El coaching, por otro lado, es un proceso. Los líderes pueden usar el proceso de coaching para perseguir cosas. Si usted es un líder, entonces su objetivo es asegurarse de que sus miembros sigan su comando y que realicen las tareas que les asignó. El coaching, por otro lado, es más específico en el sentido de que necesita abordar un problema o problema específico, que necesita de su asistencia.

En comparación con el liderazgo, el

coaching suele ser a corto plazo. Tiene objetivos que deben alcanzarse dentro de un período de tiempo específico. Las habilidades que se necesitan en coaching también suelen ser de naturaleza técnica. Aquí hay algunas otras cosas que hacen que un líder y un coach sean diferentes entre sí:

- Un líder necesita pasar mucho tiempo hablando y dando instrucciones. Un entrenador, por otro lado, necesita pasar la mayor parte de su tiempo haciendo preguntas y escuchando.
- Un líder debe hacer suposiciones rápidas basadas en los datos que se le presentan. Un coach, por otro lado, necesita pasar tiempo observando primero antes de hacer una suposición.

Un líder tiende a encontrar la ruta más rápida cuando encuentra soluciones a un problema. Un coach, por otro lado, necesita descubrir problemas subyacentes para encontrar la raíz de un problema.

Capítulo 2 – Habilidades Esenciales de Liderazgo

El primer paso para convertirse en un buen líder es perfeccionar algunas de las habilidades de liderazgo más esenciales, y esas son los temas de los que principalmente hablará este capítulo. Su tarea es evaluar si ya posee estas habilidades. Si lo hace, busque áreas donde pueda mejorar. Si no lo hace, entonces es hora de perfeccionar estas habilidades si realmente desea convertirse en un buen líder.

Anticipación

La anticipación es la capacidad de detectar posibles amenazas y oportunidades. Esta es una habilidad de liderazgo esencial porque le permite predecir y planificar sus cursos de acción en caso de que las cosas no vayan como lo planeó inicialmente. Como líder, debe ser capaz de anticipar problemas internos y externos, así como oportunidades. Puede desarrollar esta habilidad con la ayuda de los siguientes consejos:

Realice una investigación: esto es especialmente cierto si está manejando varios compromisos comerciales. Si realmente desea que su equipo logre el éxito, entonces necesita realizar una investigación sobre los distintos escenarios que puede encontrar a lo largo del proceso. Esto ayudará a que usted y su equipo identifiquen posibles problemas y encuentren posibles soluciones lo antes posible.

Imagine el proceso para alcanzar sus metas: una vez que haya establecido sus metas, imagine cómo usted y su equipo las lograrán. ¿Cuáles son las cosas que probablemente sucederán? ¿Cuáles son los problemas que pueden surgir? Haga una lista de todos ellos, para que pueda anticipar posibles obstáculos.

Excelentes habilidades para la toma de decisiones

Su capacidad de sopesar las cosas con cuidado, para que pueda tomar la mejor decisión, se pondrá en práctica una vez que se convierta en un líder. Debe sopesar todo cuidadosamente, ya que un error en el proceso de toma de decisiones puede tener un impacto drástico en su objetivo. Seguir un enfoque de toma de decisiones más disciplinado. Los siguientes consejos también pueden ayudarlo a perfeccionar sus habilidades de toma de decisiones:

Esté abierto a todas las opciones: considere varias opciones antes de tomar la decisión final. Pregunte las opiniones de sus miembros. Evita decidir solo. Una vez que haya reunido una lista de opciones o soluciones, sopese los pros y los contras de cada una. Averigüe cuál de las opciones reunidas puede beneficiar más a su equipo.

Consulte a sus seguidores: sí, usted es el líder y tiene la última palabra en todas las decisiones, pero solo puede ser un buen tomador de decisiones si abre la conversación a sus miembros. Pregúnteles qué piensan acerca del problema y cómo piensan que se puede abordar el problema. Evalúa sus ideas y toma una decisión.

Aprenda de sus errores

Otra cosa que hace que los grandes líderes sean increíbles, es su capacidad para aprender de sus errores. Sí, es el líder de su grupo, pero también es humano y es capaz de cometer un error. Reconozca sus errores y úselos para ser mejor. Evite culpar a sus miembros por los errores que ha cometido. Aquí también hay algunos consejos para que use los errores que usted y los miembros de su equipo han cometido en el pasado para su ventaja:

Revise las acciones y decisiones pasadas: revise sus actuaciones pasadas y evalúe dónde exactamente usted y su organización salieron mal. Esto le permitirá saber qué debe evitar en el futuro.

Recompense a los miembros que se desempeñan bien: una de las mejores maneras de mantener a su equipo motivado es darles recompensas por sus logros encomiables. Esto les animará a hacerlo mejor en sus trabajos. Aprecie su buen desempeño, en lugar de solo enfocarse en sus errores. Además de motivarlos, este consejo también puede fomentar una relación armoniosa dentro de su grupo.

Regule las reprimendas: evite gritar a sus miembros o decirles palabras hirientes en caso de que cometan errores. Trate de señalar sus errores sin hacerlos sentir mal. Use un tono alentador cuando presente sus errores, para que pueda inspirarlos a mejorar la próxima vez y evitar cometer el mismo error.

Esté siempre listo para un desafío

Desafiar las formas convencionales también es necesario para un liderazgo bueno y efectivo. Si se mantiene en las viejas formas, es posible que no logre algo grandioso y extraordinario. Solo cuando desafíe estas cosas y tome riesgos tendrá un éxito significativo. ¿Cómo exactamente deben los líderes desafiar las convenciones?

Fomente el debate entre sus miembros: incluso si ya ha tomado una decisión, involucre a sus miembros y discuta sus puntos de vista individuales. Esto le permitirá realizar reformas y tomar su decisión a un nivel más alto y más desafiante.

Considere ideas disidentes: la gente no está de acuerdo por una razón. A veces, estas razones juegan un papel crucial en la toma de decisiones. Tienen el potencial para producir grandes resultados.

No tenga miedo de ir más allá de las creencias de larga data: una cosa es defender sus principios, pero otra cosa es llevar las cosas a nuevas alturas. No tenga miedo del futuro. Los sueños mayores traen mayores resultados.

Sea valiente

No puede esperar mostrar todas las habilidades mencionadas anteriormente si no es valiente. Como líder, debe mostrar su coraje a todo el equipo. Hágales saber que es lo suficientemente valiente para hacer lo que sea necesario para lograr el objetivo final de su equipo.

Aparte de las habilidades y características mencionadas anteriormente, también debe desarrollar los siguientes rasgos para convertirse en un líder eficaz.

1. *Capacidad para empoderar a sus miembros: se espera que un líder sepa cómo empoderar a sus seguidores. Tiene que desarrollar su capacidad para alentar y motivar a las personas a actuar.*
2. *Habilidades de escucha: un líder no solo debe dictar órdenes; él también*

necesita aprender a escuchar. Debe escuchar el lado de los miembros de su grupo y asegurarse de que les diga cuánto valora sus opiniones.

3. *Da un buen ejemplo: también se espera que un líder dé un buen ejemplo a sus seguidores. En lugar de simplemente decirles a sus seguidores qué hacer, también debe hacerles ver que está tomando medidas. Aquí es donde se puede aplicar efectivamente el dicho, "liderar con el ejemplo".*

4. *Asume la responsabilidad: los buenos líderes también dominan la habilidad de asumir responsabilidades. Incluso si usted no fue quien cometió los errores, debe estar dispuesto a asumir la responsabilidad por las acciones de sus miembros. En lugar de culparlos, intente motivarlos para que lo hagan mejor la próxima vez en caso de errores.*

5. *Excelentes habilidades de comunicación: también necesita*

perfeccionar sus habilidades de comunicación si desea convertirse en un líder eficaz. Si bien puede tener una visión clara de lo que quiere lograr, el desafío está en cómo explicárselo a su grupo sin ser visto por miradas en blanco. Tiene que aprender a describir claramente lo que quiere que su grupo haga. Sepa exactamente cómo puede comunicar claramente su visión al grupo, para que puedan trabajar juntos y lograr el mismo objetivo.

6. *Confianza: hay momentos en que las cosas no parecen ir de acuerdo con lo que inicialmente planeó. Como líder, tiene que ser capaz de mostrar su confianza en momentos como este. Esta es una gran ayuda para mantener la moral del equipo. Tenga confianza en su capacidad y la capacidad de su grupo para tener éxito. Asegúreles que los contratiempos son parte del viaje para alcanzar su meta.*

7. *Actitud positiva: un buen líder es*

capaz de mantener una actitud positiva todo el tiempo. Motive a su equipo y mantenga su energía asegurándose de que siempre muestra una actitud positiva. Debe haber un gran equilibrio entre la diversión y la productividad dentro de su grupo.

8. Capacidad para inspirar: también debe afinar su capacidad para inspirar a su grupo, si desea asegurarse de que eventualmente alcanzará sus metas futuras. Además, reconozca que sus seguidores también necesitan un descanso de vez en cuando. Muéstrales cuanto aprecia sus esfuerzos, además de reconocer sus logros, sin importar cuán pequeños sean. Esto puede mantenerlos motivados, lo que les inspira a trabajar aún más.

Trabaje en el desarrollo de las habilidades mencionadas en este capítulo y eventualmente se convertirá en el mejor líder que desea ser.

Capítulo 3 - ¿Cómo mejorar sus habilidades de comunicación?

Uno de los rasgos más importantes que debe poseer un líder es una excelente comunicación. Este capítulo le enseñará algunos consejos sobre cómo desarrollar sus habilidades de comunicación, para que se convierta en un líder aún más efectivo.

Mejore sus habilidades de escucha

Escuchar es importante para un liderazgo efectivo. Tenga en cuenta que la comunicación es un proceso de dos vías. Para ser un buen líder, también necesita ser un buen oyente. Esto es importante para garantizar que se escuchen todas las opiniones de sus miembros. Como resultado, sus miembros sentirán que usted valora su papel en el proceso de alcanzar sus metas. Afinar sus habilidades de escucha es más fácil con la ayuda de los siguientes consejos:

- *Preste atención a lo que se dice, en lugar de centrarse solo en lo que quiere escuchar*: a algunas personas les resulta difícil escuchar con atención lo que otros dicen, porque en lugar de prestar la debida atención, se preocupan por lo que quieren escuchar y lo que quieren decir a continuación. Esta actitud solo evitará que entienda a la persona con la que está conversando. Es importante centrarse en lo que dice la otra parte.
- *Permita que la persona termine de hablar antes de tomar su turno*: siendo el líder que es, es inevitable que tenga mucho que decir y comentar. Sin embargo, no se olvide de respetar a los demás, especialmente a los miembros de su grupo, cuando están hablando. Permítales que terminen de hablar antes de volver a hablar. Esto promoverá conversaciones

saludables dentro de su equipo.
- No dude en solicitar una aclaratoria: si hay algo que el orador dijo que usted no entiende, no dude en pedir aclaratorias. Esto es crucial para prevenir malentendidos y falta de comunicación entre las dos partes.

Promueva conversaciones saludables

También se espera que los líderes sepan cómo facilitar las conversaciones. Durante reuniones o encuentros, diferentes partes se reúnen para expresar sus sentimientos y expresar sus intereses. Pueden ocurrir ideas contrastantes y conversaciones desorganizadas porque todos quieren expresar su opinión. Estasson las ocasiones cuando los líderes deben imponerse. Como líder, debe mantener el orden y la armonía, especialmente cuando la conversación ya está encaminada hacia un argumento acalorado. Además, asegúrese de que cada miembro pueda transmitir su mensaje mientras mantiene la paz y el respeto. Puede facilitar una conversación saludable con la ayuda de las siguientes recomendaciones:

- *Escuche lo que se dice*: escuche con atención lo que dice cada miembro. Conozca los puntos de cada orador y asegúrese de interpretarlos correctamente.

- *Integre estos puntos en el tema*: ¿Cómo se relacionan los puntos entre sí? ¿Cómo un punto refuerza a otro? ¿Cuáles son las similitudes y diferencias? ¿Cómo ayudan a abordar el tema? Mantenga estas preguntas en mente mientras facilita los puntos mencionados por cada parte o miembro.

- *Llegue a un consenso y avance*: ahora que se han integrado diferentes puntos e ideas, es hora de que todos lleguen a un consenso. Esto servirá como su punto de partida al elaborar una decisión.

Después, pase a los siguientes temas.

Haga preguntas

También puede desarrollar sus habilidades de comunicación aprendiendo cómo hacer las preguntas correctas y cuándo debe plantearlas. Si bien se espera que los líderes sepan muchas cosas, no son perfectos y también hay cosas que necesitan aprender. Como líder, sea lo suficientemente abierto como para hacer preguntas a sus oyentes, para que ambos puedan fomentar una conversación armoniosa.

Inyecte humor en las conversaciones

La comunicación con sus miembros se vuelve más efectiva cuando tiene un buen sentido del humor. Esto le ayudará a atraer su atención y los obligará a centrarse en lo que está diciendo. Sus miembros se interesarán más y podrán comprender completamente su mensaje. La sonrisa, de vez en cuando, también puede agregar humor durante las reuniones y juntas. Deje que sus seguidores sepan que usted es alguien a quien pueden acercarse fácilmente para obtener aclaratorias a través de la sonrisa. Esto aligerará las conversaciones y evitará discusiones acaloradas.

Inyectar humor y sonreír también puede eliminar el temor de sus miembros cuando se trata de acercarse a usted. De esta manera, siempre pueden hacer sus preguntas, lo que le permite comunicar el mensaje que desea transmitir de manera clara.

Hágase personal

En lugar de emitir comunicaciones corporativas, intente desarrollar conversaciones organizacionales. Esto significa que también debe dejar que sus miembros hablen, en lugar de simplemente ser usted quien hable. Haga que sus conversaciones sean más atractivas y personales, ya que al hacerlo se asegurará de que se transmita su mensaje. Concéntrese en desarrollar relaciones más significativas con los miembros de su grupo. Si lo hace, le permitirá saber exactamente lo que piensan y solucionar cualquier problema que haya ignorado en el pasado.

Sea bien específico.

Comunique su mensaje con claridad y especificidad. Si es posible, transmita su mensaje de una manera más concisa y sencilla. Como líder, sepa cómo alcanzar los puntos altos de inmediato. Vaya directo al punto para evitar confundir a sus miembros. Haga que cada palabra que salga de su boca importe.

Sea de mente abierta

Si mantiene la mente cerrada, entonces se limita a aprovechar la oportunidad de aprender algo nuevo de sus miembros. Si bien su papel es liderar y dirigir a sus seguidores, no significa que no deba dejar que hablen. Esté dispuesto a buscar la opinión de aquellos que tienen opiniones disidentes. Su objetivo no es convencer a estos miembros para que cambien de opinión e ir a su lado, sino para comprender de dónde vienen.

Conversaciones abiertas con aquellos que tienden a desafiarlo, confrontarlo, desarrollarlo y estirarlo. Tenga en cuenta que sus diferentes opiniones no importan aquí; lo que importa es su disposición a hablar sobre sus opiniones con una mente abierta. Quién sabe, si esta es la clave para que aprenda cosas nuevas que le harán aún más efectivo en su papel de líder.

Empatice

También puede desarrollar grandes

habilidades de comunicación si no permite que su ego le gobierne, y empatiza con los miembros de su grupo. Comunique la sinceridad con cuidado y empatía, y no permita que su ego evite que sucedan cosas buenas. Si es un comunicador empático y un líder, entonces podrá mostrar fácilmente transparencia y autenticidad cuando se comunica con otros. Esta es una gran ayuda para que escuchen su mensaje exacto.

Capítulo 4 - ¿Cómo influir en las personas?

Una de las manifestaciones de un buen liderazgo es la capacidad del líder para influir a otras personas. Este capítulo discutirá algunas de las estrategias más efectivas sobre cómo convertirse en un líder más influyente.

Tenga un interés genuino en otras personas

Su nivel de influencia se basa en gran medida en su capacidad de conectarse con quienes lo rodean. ¿Toma tiempo para estar realmente interesado en lo que dicen los demás? Muestre a sus miembros que está realmente interesado en ellos. Esto demuestra que usted se preocupa sincera y genuinamente por sus sentimientos y pensamientos, así como que valora su contribución al grupo. Una vez que los hace sentir de esta manera, puede influenciarlos fácilmente para que sigan su ejemplo.

Construya una relación armoniosa

Haga que sus miembros se sientan cómodos cuando esté cerca. En lugar de establecer el odio y el miedo, debe hacer que sus seguidores sientan que es el tipo de líder al que se pueden acercar fácilmente. Socialice con ellos de vez en cuando. Cuando sea tiempo de descanso, trate de hablar con ellos o compartir historias. Esta es una gran ayuda para inculcar la confianza dentro de su grupo y hacer que sus miembros se sientan cómodos. Cuando se sientan cómodos con su presencia, influir en ellos ya no será tan difícil.

Construya una buena reputación

No puede esperar que la gente siga su ejemplo si tiene una mala reputación. Puede ser un líder influyente si sus seguidores ven su credibilidad y honestidad. Sea honesto al tratar con su equipo. Evite mentirles o esconder algunos hechos importantes. Una vez que descubran que los estás engañando, recuperar su confianza será extremadamente difícil. Nunca se convertirá en un líder influyente si no le creen.

Proporcioneretroalimentación positiva

En lugar de centrarse en los errores que cometen sus miembros, trabaje en encontrar los puntos positivos en su desempeño, sin importar cuán pequeños sean. Invierta en medios para alentar, motivar y reforzar a sus miembros, en lugar de imponer condiciones y amenazas. Al proporcionar comentarios positivos de manera constante, sus miembros pueden ver su lado positivo y sus intenciones positivas, lo que hace que sea más fácil para ellos confiar en usted.

Admita sus errores

A muchos líderes les resulta difícil admitir sus propias faltas. En la mayoría de los casos, tienden a culpar a los demás, creyendo que su posición los hace incapaces de cometer errores. Evite ser uno de estos tipos de líderes. Sea un tipo de líder que sabe cuándo está equivocado y lo admite rápidamente. Si admite fácilmente sus errores, comunica a sus miembros que realmente se preocupa por ellos. También les está mostrando que está plenamente consciente de cómo su comportamiento y sus errores pueden afectar a todos en el grupo.

Sea visible

Los líderes excepcionales y efectivos son aquellos a quienes sus miembros y seguidores pueden ver fácilmente, no solo escuchar. Varios líderes hoy en día no son visibles para sus miembros debido a sus horarios extremadamente agitados.

Algunos de ellos dejan su oficina sin verificar cómo están sus miembros. Algunos líderes incluso se esconden en su oficina para evitar tratar con otros.

Es hora de cambiar este hábito. Como líder, debe reconocer que es el esfuerzo de su grupo lo que hace que su organización sea exitosa. Estar con ellos y dejar que le vean de vez en cuando. A veces, un saludo amistoso a su equipo es suficiente para elevar su moral.

Actúe sobre las cosas rápidamente

Puede ser un líder influyente si muestra a sus miembros cómo actúa sobre las cosas rápidamente. No sea demasiado lento para actuar. Tenga en cuenta que si se toma mucho tiempo para tomar una decisión difícil, retrasar la acción o postergarse, entonces está enviando un mensaje negativo a sus miembros.

Para ser un líder influyente, debe pasar a la acción de inmediato porque sus miembros están esperando su decisión. Esto puede ser muy motivador para sus miembros. Esto también puede aumentar su credibilidad y confianza en su capacidad.

Hay muchas maneras en que un líder puede influir en las personas. Las mencionadas anteriormente, son algunas de las más efectivas. Después de seguir estos sencillos pasos, notará que cada vez más personas creen en usted y estarán más dispuestos a seguirle.

Capítulo 5 - El arte del coaching empresarial

El éxito en los negocios generalmente se alcanza a través del entrenamiento y liderazgo de negocios efectivos. El coaching empresarial es bastante similar al coaching deportivo. En los deportes, el entrenador motiva y entrena a los miembros de su equipo para ganar competencias. En los negocios, el entrenador también motiva, capacita y entrena a sus miembros para lograr el éxito. Si quieres convertirte en un entrenador y líder de negocios efectivo, aquí hay algunos consejos que pueden ayudarte:

Participe en cursos de coaching empresarial.

Contrario a lo que la mayoría de la gente cree, el mundo de los negocios es técnico, lo cual requiere que uno se inscriba en un curso de negocios, la mayoría de las veces, para comprender completamente los detalles del campo. Si desea convertirse en un asesor de negocios efectivo, busque una escuela de negocios e inscríbase. Esto le ayudará a perfeccionar sus habilidades de coaching empresarial.

Tenga suficiente experiencia en negocios

Una de las razones por las cuales hay pocos instructores de negocios jóvenes es porque el campo del coaching de negocios requiere una amplia experiencia. Debe tener al menos experiencia en el entrenamiento de miembros de pequeñas empresas, de modo que conozca los problemas y contingencias que usted y la persona a la que está entrenando enfrentarán. Su amplia experiencia le permitirá ofrecer consejos efectivos a sus clientes.

Sea de apoyo

Una habilidad necesaria que necesita un asesor de negocios eficaz es la capacidad de ofrecer apoyo. Ya que su tarea es animar a sus clientes a hacer que sus negocios sean exitosos, debe proporcionarles todo el apoyo que necesiten. Recuérdeles sus aspiraciones y adviértales constantemente sobre lo que deben hacer para lograrlas.

Sea paciente

No todos los negocios que manejará serán exitosos inmediatamente. A veces, puede llevar mucho tiempo para que el negocio de su cliente tenga éxito. Por lo tanto, se requiere mucha paciencia y comprensión de partesuya ya que usted es el líder interino en esta situación.

Sea profesional

Dado que el campo de los negocios es de naturaleza profesional, también debe mantener una actitud y disposición profesional. No tome las cosas personalmente y mantenga una relación armoniosa no solo con sus clientes, sino también con otros profesionales de negocios.

Seguramente será un asesor de negocios eficaz una vez que siga los pasos mencionados en este capítulo. Solo asegúrese de mantener una relación sana y armoniosacon su cliente. Entonces el éxito llegará.

Capítulo 6 - Pensando y actuando como un líder

Antes de convertirse en un verdadero líder, primero debe pensar y actuar como uno. Este capítulo le enseñará cómo pensar y actuar como un líder, hasta que finalmente se convierta en uno. Estos son pasos simples que pueden requerir algo de tiempo y esfuerzo, pero que realmente al final valdrán la pena.

Sea orientado a las personas

El liderazgo requiere que usted establezca buenas relaciones con las personas. Ya que usted servirá como su guía, es importante conocerlos lo suficientemente bien y empatizar con ellos. Ser orientado hacia las personas puede ser un desafío porque requiere que conozca a mucha gente y se relacione con ellos. Realmente necesita gastar tiempo y hacer un esfuerzo para conocer a sus miembros, pero si quiere convertirse en un gran líder, debe estar dispuesto a hacerlo.

Sea sensible a las necesidades de sus miembros

Ser sensible a las necesidades de sus miembros significa que necesita saber lo que ellos necesitan, incluso antes de que le informen. Conozca bien a sus miembros y evalúe sus fortalezas y debilidades, para que pueda saber cuándo, dónde y cómo orientarlos. También debe ser sensible cuando note que algunos de sus miembros no tienen un buen desempeño o cuando tienen dificultades para completar sus tareas. Este es su trabajo para asegurarse de que están motivados.

Tenga iniciativa

La iniciativa es una de las habilidades más difíciles de aprender. Su iniciativa le permitirá guiar a sus miembros a tomar medidas y ofrecer ayuda para tomar decisiones, especialmente cuando nadie más está avanzando. Requiere que siempre estés listo para actuar, incluso antes de que la situación lo requiera. Al tener iniciativa, puede evitar fallas y sus miembros lo admirarán mejor. Como resultado, querrán llegar a ser como usted, y todos tendrán éxito en sus actuaciones y esfuerzos.

Tome riesgos

Un líder eficaz no tiene miedo de tomar riesgos. Sí, hay muchas cosas que debe tener en cuenta cuando toma riesgos. A veces, los beneficios pueden no ser suficientes, pero solo puede lograr grandes cosas una vez que comienza a tomar riesgos y extenderse más allá de lo que cree que puede hacer. No tenga miedo de participar en cosas nuevas y emprender nuevas actividades. Puede que le sorprendan los grandes logros que le esperan a usted y a su equipo.

Sea orientado a objetivos

Por último, asegúrese de que siempre establece un objetivo. El éxito y la eficacia de un líder solo pueden medirse por su capacidad para llevar a cabo los objetivos que establece. Estar orientado a objetivos significa que no hace las cosas simplemente por hacerlas, sino porque busca un final mayor. Sus acciones y decisiones siempre deben dirigirse hacia este objetivo.

Seguir los consejos anteriores le ayudará a pensar y actuar como un líder. Manténgalos en mente y observe su progreso a medida que desarrolla y mejora sus habilidades de liderazgo.

Conclusión

¡Gracias de nuevo por descargar este libro!

Espero que este libro haya podido ayudarlo a desarrollar y mejorar sus habilidades de liderazgo.El siguiente paso es mantener estas habilidades y usarlas para perseguir y cumplir sus objetivos.

¡Gracias y buena suerte!

www.ingramcontent.com/pod-product-compliance
Lightning Source LLC
Chambersburg PA
CBHW070032040426
42333CB00040B/1550